Diário de Uma Benzedeira

Jacqueline Naylah

BesouroLux

3ª edição / Porto Alegre-RS / 2023

Capa e projeto gráfico: Marco Cena
Revisão e produção editorial: Bruna Dali e Maitê Cena
Produção gráfica: André Luis Alt
Foto da autora na capa: Alexsandra Manchini

Dados Internacionais de Catalogação na Publicação (CIP)

N331d Naylah, Jacqueline
    Diário de uma benzedeira: rezos, alquimias, receitas, benzimentos, simpatias./ Jacqueline Naylah. – 3ed. – Porto Alegre: BesouroBox, 2023.
    112 p. : il; 14 x 21 cm

    ISBN: 978-65-990353-4-0

    1. Oração. 2. Reza. 3. Benzimento. 4. Fé. I. Título.
CDU 248.143

Bibliotecária responsável Kátia Rosi Possobon CRB10/1782

Copyright © Jacqueline Naylah, 2023.

Todos os direitos desta edição reservados a
Edições BesouroBox Ltda.
Rua Brito Peixoto, 224 - CEP: 91030-400
Passo D'Areia - Porto Alegre - RS
Fone: (51) 3337.5620
www.besourolux.com.br

Impresso no Brasil
Maio de 2023.

Às minhas ancestrais, que me fazem nessa vida partícula de cada um delas, partilhando e perpetuando um legado de conexão com a natureza, amor, fé e bênçãos. Eu honro cada rezo que ainda sopram em meus ouvidos, cada batida de tambor que pulsa em meu coração, cada saber partilhado nas rodas de clãs e tribos, honro a vida de cada uma delas em mim. Enquanto eu seguir a mesma jornada que foi destina a elas... elas estarão vivas em mim.

Aos meus pais, pela vida e por terem sido o meu maior espelho de integridade, força e determinação. Ao meu pai (que hoje é uma estrela), gratidão por ter sonhado na adolescência que teria uma filha com o nome de Jacqueline. À minha mãe, gratidão por andar de mãos dadas comigo, por ser minha rede de apoio e estender o colo para que eu ainda possa vestir o papel de filha.

Aos meus filhos, por terem me escolhido como mãe nessa vida, para juntos trilharmos uma jornada de evolução, doação, generosidade e amor incondicional. Vocês despertam o melhor em mim!

Ao Gilberto (meu companheiro) pelo carinho, confidencialidade, cumplicidade e por ter acreditado em mim desde o inicio. Juntos no passado, no agora e em tantas outras vidas que escolherei estar ao teu lado, meu chêro!

À Matriz Divina, Fonte da Criação, Todos os Deuses e Deusas, Orixás, Anjos e Arcanjos, aos Mestres, Caboclos, Bruxas e Bruxos, ao Povo Cigano, aos Elementais e a toda essa energia que pulsa aí dentro de você... somos todos um!

Sumário

Palavras iniciais 11

Abençoando meu ser 15
Espiral dos Sonhos 19
Banhos de limpeza e proteção energética 21
Banho Doce 25
Banho de cristais 26
Pote de Água da Lua 30
Amuletos 33
Alimentação 37
Água benta 39
Cuidado com o corpo físico 42
Autoestima 44
Escalda-pés 46

Esparadrapo no umbigo 48

Pote da Gratidão 49

Abençoando meu lar 51

Defumação 55

Líquido Anil 57

Filtro da porta 59

Vassourinha 61

Esvaziar gavetas 63

Doação/desapego 65

Quadros tristes e obscuros 66

Imagens ou vidros quebrados/trincados 67

Contas pagas/contas a pagar 68

Eletros queimados 69

Flores na casa 71

Colchão e travesseiros ao sol 72

Espada de São Jorge debaixo da cama 73

Vamos montar uma árvore da vida? 74

Abençoando meu servir 75

Elogiar alguém 79

Vaso da fortuna 81

Soprar canela 83

Multiplicador de dinheiro 84

Decoração com folhas de louro 86

Patuá das chaves / Igreja de São Pedro 88

Agenda milagrosa 90

Flores amarelas 91

Bênçãos no caminho 92

Abençoando crianças e animais 93

Água de tagarela 97

Tchauzinho, fralda! 98

Vamos acabar com o medo 99

Quebranto e a oração de mãe 100

Costure suas dores 102

Abençoando os animais 103

Purificando a água e os alimentos 104

Guia da proteção 105

Palavras finais 107

Em um tempo, no passado, lá nas gavetinhas de nossas mães, avós e bisavós haviam caderninhos com diversas anotações: rezos, alquimias, receitas, benzimentos, simpatias, pedaços de cantigas, poesias. Em um tempo, também no passado, na minha adolescência, eu adorava a prática de escrever diários: com versinhos de uma jovem apaixonada, poemas, músicas, sonhos, questionamentos sobre os desafios da idade e desabafos.

Nessa geração – imersa à tecnologia – muitos de nós perdemos esse hábito da escrita, de trazer luz às nossas vozes noturnas, aquele cochicho em nossa mente, ao sentimento que transborda no coração que faz até a letra ter belas curvas para enfeitar as páginas com amor.

Vou contar um segredinho aqui: eu ainda tenho esses diários guardados em uma caixa de papelão, onde também guardo cartões de Natal, lembranças do nascimento de meus filhos, meus boletins da escola (só guardo boas lembranças). Sempre quando abro essa caixa de papelão, respiro fundo e penso: "que bênção ainda ter toda essa riqueza por aqui". Durante muito tempo passei guardando lembranças sem saber o real motivo e logo depois de minha formação acadêmica eu até acreditei que tudo isso era uma grande bobagem. Anos depois me pego aqui, com toda essa riqueza, querendo dividir com vocês memórias que fazem parte de mim e que também irá fazer parte de cada um de vocês. O Universo sabe das coisas, não é mesmo? Hoje eu sei o porquê guardei, hoje eu agradeço por ter guardado. Hoje tudo isso faz parte de quem sou.

Tem livro de ervas todo rabiscado com os meus lápis de cor da escola, tem santinhos com dicas de simpatias no verso, tem amuletos que encontrei no fundo da gaveta da minha mãe, saquinhos de tecido para confeccionar banhos, agulha de costura e dedal para coser as dores e, é claro, manuscritos meus com dicas, simpatias que toda adolescente adora fazer, com decretos para concretizar meus sonhos e objetivos – um verdadeiro baú de mistérios, daqueles que toda boa bruxa adora!

E por que não dividir algumas dessas bênçãos com vocês, meus leitores?!

Eis que surge: *O Diário de uma Benzedeira*.

Cada uma das dicas encontradas por aqui não exclui a responsabilidade de cada um buscar apoio de profissionais habilitados, são dicas que auxiliam na manutenção da energia do corpo, da casa e das empresas.

As dicas são úteis sempre que você sentir que o momento precisa de limpeza (sempre sentimos), que algo está estagnado ou simplesmente compreende que é importante ter um ciclo – como hábito – para manter tudo organizado, limpo e fluídico.

Siga sempre sua intuição, ela vale ouro!

Abençoando meu Ser

Você pode acreditar que seu corpo é um presente de Deus. Você pode acreditar que seu corpo é uma partícula de Deus. Você pode acreditar que seu corpo é um único Deus. Em qualquer uma dessas hipóteses você é importante, sua vida é única, seu corpo é uma dádiva.

Nosso corpo é um templo, é a morada de nosso espírito, é o cantinho onde são guardados nossos sentimentos e emoções. É também com ele que podemos nos movimentar nessa jornada terrena, em busca de nossos sonhos, cumprindo nossa missão e contemplando nosso propósito de vida.

Aqui vamos começar uma jornada de bênçãos para o nosso ser, compreendendo esse corpo como um templo, respeitando a sua totalidade – corpo físico, energético, emocional e espiritual.

Algumas práticas você poderá aplicar na sua vida diária, outras podem ser realizadas semanalmente ou mensalmente, tomei o cuidado de colocar pequenas observações sobre a periodicidade. Mas também deixo livre para que você sinta o que é melhor para você, a intuição falará mais alto e é sempre o melhor termômetro de nossas escolhas.

SINTa
o que
é Melhor
Para você

Espiral dos Sonhos

Escolhi essa técnica para ser a primeira do livro por ser simples e você poderá, inclusive, chamar as crianças para fazer. Colocar os sonhos, objetivos e metas em um papel nos conecta aos momentos em que escrevíamos nossos pedidos em datas celebrativas (cartinha do Papai Noel, lista de desejos de aniversário), facilita nossa mente na organização e promove energia para concretização de tudo o que estamos almejando que aconteça.

Vamos fazer? Separe uma folha de papel e uma caneta para reproduzir esse espiral. Ele pode ser feito a cada trimestre, quando você tem metas e objetivos organizados e definidos.

Escreva cada um de seus sonhos no formato espiral, sempre no tempo presente (como se já fossem reais) e sempre agradecendo.

Exemplo: eu agradeço pela saúde dos meus filhos, eu agradeço por estar empregado, eu agradeço a harmonia no meu relacionamento.

Ao final do círculo, respire profundamente, leia com foco e confiança e queime o papel.

Essa escrita espiralada em papel, ao ser queimada, cria um vórtice de energia, alinhando e encaminhando seus pedidos para o cosmos.

Agradecer sempre!

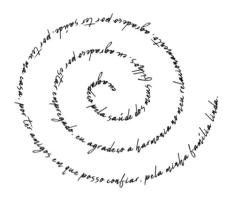

Banhos de limpeza e proteção energética

Tem hábito melhor do que chegar em casa super cansado e tomar um banho para relaxar? Apenas a água caindo pelo corpo já basta para nos deixar com uma sensação de frescor muito agradável e relaxar nossas tensões do dia.

Agora imaginem um banho de ervas! – prática muito comum das benzedeiras, inclusive muitas delas receitavam as ervas para que as pessoas fizessem os banhos por um determinado número de dias ou ainda as próprias benzedeiras promoviam a alquimia de banhos para vender ou presentear as clientes.

Algumas dicas de ervas:

Alecrim: a erva da alegria, também utilizada para atrair prosperidade.

Arruda: aniquila fluidos negativos e larvas astrais. Descarrega.

Alfazema: equilibra, traz paz e harmonia.

Anis estrelado: potencializa o amor, atrai sucesso e abundância.

Camomila: banho ideal para crianças. Apazigua e tranquiliza, promove sensação de bem-estar.

Elevante (levante): trabalha o humor, a energia e os vínculos pessoais. Traz sensação de vigor e ânimo.

Eucalipto: fortifica o espírito, melhora a concentração.

Guiné: utilizada para afastar energias, cargas densas e obsessores.

Louro: atrai prosperidade e riqueza.

Poejo: acalma os ânimos de dias turbulentos, protege e aromatiza.

PENSAR
E SENTIR
COISAS BOAS

Os banhos podem ser feitos por meio de maceração, amassando as ervas frescas com as mãos em água, com ervas secas, fazendo difusão em água morna. Sabemos que existe a mística do número sete para a escolha das ervas para o banho, afinal, o número sete está ligado à espiritualidade (são sete os chakras, sete dias da semana, sete cores do arco-íris). Porém acredito que não devemos criar crenças que limitam possibilidades, portanto, caso você não tenha sete ervas, utilize o que você tiver à disposição, afinal, o processo tem mais valia do que o número. O importante é fazer!

Enquanto você preparar o banho, você também pode rezar, entoar mantras, cantar ou simplesmente pensar e sentir coisas boas e fazer com que essa energia tome conta de cada erva e torne esse banho um bálsamo de amor e cura.

Outro banho muito conhecido e recomendado pelas benzedeiras é o banho de sal grosso, pois além de ser simples de preparar, ele também é poderoso para limpar seu corpo de cargas negativas e densas que costumamos pegar em locais carregados energeticamente.

O preparo é feito dissolvendo aproximadamente sete colheres de sopa de sal grosso em uma vasilha com 1 litro de água morna. Ao término do seu banho de higiene pessoal, você irá despejar aos poucos (do pescoço para baixo) o banho de sal grosso, sempre mentalizando ou verbalizando o desejo de livrar-se de impurezas, negatividades e cargas densas.

O banho de sal grosso limpa todo o corpo, remove tanto as cargas negativas quanto as positivas, por isso é recomendado que após esse banho você realize um banho doce no dia seguinte.

Banho Doce

Corpo limpo de negatividades e impurezas? Agora é hora de falarmos somente de coisas boas! Obaaaaa!

Esses banhos podem ser feitos por meio de infusão em água fervente, deixando esfriar até a temperatura adequada para o seu banho.

Aqui seguem duas ótimas dicas para movimentarmos energias positivas e ainda potencializarmos com amor e prosperidade:

Para um banho de amor, você pode optar pela alquimia do banho de pétalas de rosas e mel: pétalas de 5 rosas, 1 litro de água e 1 colher de mel.

Para um banho de prosperidade, vamos usar todo o poder atrativo do cravo e da canela: 1 canela em pau, 7 cravos-da-índia, 1 litro de água.

Você fará o banho da mesma forma como foi feito o banho de ervas, sempre do pescoço para baixo, logo após seu banho de higiene pessoal. O que sobrar do banho você pode descartar em um lixo ou debaixo de uma árvore frondosa. Sem esquecer de mentalizar ou verbalizar uma oração que você tenha apreço ou decretos positivos de amor e prosperidade.

Banho de cristais

Você já parou para apreciar um cristal? Já sentiu a energia dos cristais ao toque das mãos?

Os cristais já estavam presentes na Terra muito antes de nós, sendo verdadeiros depósitos de energia. Emanam uma alta frequência energética, podendo ser nossos aliados para equilíbrio e manutenção energética, além de elevar nossa vibração. Há registros de povos que na antiguidade utilizavam da energia dos

cristais para meditação, elevação espiritual e cura.

Aqui eu deixo algumas dicas de cristais que você poderá utilizar para o banho, aliado ao potencial de cada um deles. Eu também acredito que o cristal escolhe o seu dono... ao entrar em uma loja você irá entrar em sintonia com algum cristal e sentirá uma grande vontade de levá-lo para sua casa, confie nessa sintonia e agradeça por essa conexão!

Ágata: promove equilíbrio, segurança e tranquilidade.

Amazonita: comunicação, equilíbrio e calma.

Ametista: tem efeito calmante e reforça a concentração.

Cianita azul: tem propriedades curativas, ajuda a ultrapassar obstáculos.

Citrino: motivação, abundância e prosperidade.

Fluorita: reforça a intuição.

Granada: paixão, coragem e energia.

Hematita: proteção e purificação.

Jaspe vermelho: traz harmonia para o corpo e mente.

Olho de Tigre: proteção, limpeza e firmeza nos objetivos.

Pérola: condutor de luz, soluciona conflitos.

Pirita: conhecida como ouro de tolo, atrai riqueza.

Quartzo rosa: amor próprio, amor incondicional.

Selenita: vitalidade, energização e serenidade.

Sodalita: intuição, criatividade e comunicação.

Turmalina: afasta pessoas mal-intencionadas, dissolve vibrações negativas.

Assim como no banho de ervas, você pode preparar o saquinho de cristais com rezos, mantras, cânticos ou até mesmo pegar cada cristal em suas mãos e posicionar em seu coração, desejando que o cristal escolhido seja amorosamente um canal de limpeza e purificação.

Outra maneira de preparar o banho de cristal é com um saquinho de tecido com

Siga sua intuição.

pequenos cristais para encaixar na ducha do chuveiro. Um pequeno saquinho que você encontra facilmente em lojas de bazar ou artigos para presentes, ou até mesmo confeccionar em casa. Pode encaixar a ducha do chuveiro dentro do saquinho e dentro dele colocar alguns cristais bem pequenos. Dessa forma, após seu banho de higiene pessoal, você poderá abrir a ducha e banhar-se com a água que passará pelos pequenos cristais e carregará toda a energia deles até você.

Existem inúmeros rituais para limpeza e purificação dos cristais: deixá-los sob a luz da lua e o sereno da noite, lavá-los em banho de ervas ou sal grosso ou deixar os cristais repousados no gramado sob os raios de sol. Faça esses rituais de limpeza mensalmente ou sempre que sua intuição lhe guiar.

Pote de Água da Lua

Somos natureza! Nosso corpo responde tal como as manifestações naturais. As mulheres, principalmente, estão naturalmente ligadas à lua e suas fases, por isso os ciclos menstruais e a gestação são observados e contados em semanas ou tempos lunares. Nossas avós estavam certas ao dizer que os bebês nasceriam na "virada" da lua, lembram disso? Passamos muitas décadas acreditando que o dito das avós era uma bobagem, os tempos modernos nos afastaram de nossa essência e conexão com a Mãe Terra.

Desde as antigas civilizações, as fases lunares sempre foram a base rítmica para que agricultores soubessem quando iniciar suas plantações, para que os animais pudessem atentar o momento certo para as migrações, para que as mulheres sentissem quando estavam perto de parir. A lua está intimamente ligada a cada um de nós, influenciando, inclusive, em nosso estado de humor.

Oh, lua, tão poderosa e magnética. Se ela mexe com cada um de nós, o que podemos esperar da energia de cada fase dela?

Não tem muito segredo no preparo do pote de água da lua, mas tem uma energia maravilhosa. Basta pegar um simples frasco de vidro, encher de água e deixar o pote sob o luar durante a noite.

Essa água pode ser usada em banhos, para limpeza da casa, em frascos borrifadores, para fazer um delicioso e poderoso chá, regar suas plantas e aqui vou deixar dicas para cada fase:

Lua cheia: lua mística, misteriosa, a lua da boa bruxa! Essa fase é conhecida como a lua em todo o seu poder, ideal para consagrar amuletos e banhar-se com as dicas de banhos de amor e prosperidade!

Lua minguante: momento de introspecção, recolhimento e meditação. Momento de silêncio, ideal para trabalhar removendo as cargas negativas e densas, pois essas irão minguar como a lua. Para purificar a energia dos ambientes, pode preparar um spray borrifador, combinado com ervas ou cristais ficará incrível!

Lua nova: momento de começar algo novo. Energia que propicia um novo projeto, emprego novo, novos acordos. Momento que impulsiona a criatividade e foco em inspirações novas.

Lua crescente: já diria minha mãe "ótimo para cortar cabelo e ele crescer". É isso mesmo! Se você tem algum projeto, nesse momento ele expande! Uhuuuuuu!

Amuletos

"Levei o meu samba
Pra Mãe de Santo rezar
Contra o mau olhado
Eu carrego meu patuá."

Já dizia minha avó: "pra sair de casa tem que sair bem protegido, onde quer que se vá, carrega teu patuá". Patuá é o elo de amuletos conhecido, atribuído e confeccionado dentro da cultura e religião africana e afro-brasileira. De dentro dos terreiros e ilês os filhos das casas saem com seus patuás prontos, rezado ou consagrado pelas mãos de suas Mães e Pais de Santo.

"Onde quer
que se vá
carrega o
teu patuá."

Na tradição das benzedeiras também era comum coser (costurar) patuás com ervas secas e sementes. Esses patuás também eram chamados de breves e eram confeccionados sob um canto ou um rezo para costurar as dores e fechar os pulmões combatendo a asma. Costumo dizer que já naquele tempo elas faziam um marketing pessoal, pois muitas delas escolhiam um tecido de cor vermelha e pediam que as pessoas pendurassem no pescoço... imaginem só, o bairro inteiro sabia que a pessoa havia sido benzida! Genial!

Além do pedacinho de tecido costurado, o patuá também pode conter símbolos diferentes e até mesmo pode ser feito com um elo de arame e diversos símbolos pendurados juntinhos!

Os símbolos mais utilizados:

Figa: amuleto contra olho gordo. Em outras culturas, a figa era conhecida como gesto obsceno. No Brasil, nossa cultura associa como a obscenidade que distrai o mal.

"contra o mau olhado eu carrego o meu patuá!"

Olho Grego: também chamado de olho turco, olho místico ou olho azul. É um amuleto que absorve energias negativas, simboliza sorte, luz e proteção divina, como se os olhares dos Deuses e Deusas estivessem zelando por nós.

Pimenta: a ardência da pimenta simboliza o fogo, fazendo queimar e transmutar as cargas negativas. Algumas vertentes também acreditam que a pimenta queima a língua daqueles que por ventura falem mal de você.

Crucifixo: utilizado no mundo inteiro, simboliza o sofrimento de Jesus Cristo para salvar a humanidade. Antes mesmo do advento de Jesus, o crucifixo já era utilizado para identificar os cristãos como símbolo que emana a crença, a fé, a paz e o amor incondicional.

Dente: os guerreiros de antigas culturas utilizavam dentes de animais como amuletos que representavam status, bravura, vitória, triunfo, virilidade e fertilidade. As nossas vovós e mães guardavam o primeiro dentinho dos netos ou filhos cair para dar um banho de ouro, pendurar em correntinha e utilizar como amuleto de sorte, proteção, saúde e amor.

Você pode confeccionar um patuá em casa, com os símbolos que você gosta e consagrar de uma forma simples e amorosa: depois do elo pronto, defume com um incenso, acenda uma vela, entoe um rezo de sua preferência e peça com todo o coração a proteção de todos os Deuses, Deusas, Anjos, Arcanjos, Santos, Orixás, Caboclos e toda energia que está ao seu lado para lhe proteger.

Xô inveja!
Xô negatividade!
Xô olho gordo!
Xô, xô, xô!

Alimentação

Além do cuidado da alimentação e da nutrição – e aqui ressalto mais uma vez a importância do acompanhamento de profissionais habilitados para cuidar de sua saúde – também podemos cuidar da energia do que comemos.

Lembram que nossos antepassados tinham como hábito rezar e agradecer pelo alimento? Lembram que costumávamos fazer círculos de mãos dadas em torno da mesa e entoávamos orações em gratidão? Por que não fazemos mais?

Agradecer pelo alimento é uma dádiva, é um ato de puro amor e emana ao Universo uma frequência de fartura, que volta a nós

AGRADECER PELO ALIMENTO É UM ATO PURO DE AMOR

fazendo com que sempre tenhamos alimentos em nossa mesa. Também podemos falar palavras positivas enquanto cozinhamos ou enquanto lavamos as frutas e verduras, afinal, toda essa energia será consumida por nós e quando tudo estiver em harmonia, dessa forma estaremos alimentando-nos da energia mais pura.

Nossas avós conversavam com as frutas e verduras na horta e elas respondiam na melhor forma possível: o alimento era puro amor! Concordam?

Água benta

Lembro-me de minha avó ouvindo seu radinho e preparando uma jarra de água para o horário da missa transmitida pela rádio. Era o horário sagrado... ela colocava a jarra ao lado do aparelho, fazia o sinal da cruz e seguia com suas lidas domésticas enquanto a missa tocava ao fundo cada partícula da água. Ao término da missa ela fazia mais uma vez o sinal da cruz, bebia um gole da água e guardava o restinho no refrigerador para servir a outras pessoas da casa.

Minha mãe ainda tem esse mesmo hábito, porém nos canais de missas na televisão. Ela coloca um copo de água repousando

Precisamos purificar corpo e alma.

ao lado da TV e segue o mesmo ritual que fazia sua mãe (minha avó).

Imaginem se eu não iria fazer o mesmo!? É claro, o tempo mudou, transformou em mim a visão sobre religiões, sobre espiritualidade, trouxe mais clareza e conhecimento sobre a ciência do poder da palavra em um gole de água. Apesar de herdeira dessas mulheres de fé, mas como toda boa cientista, eu precisava de um embasamento para atestar essa prática. Eis que há alguns anos encontrei o experimento de Masaru Emoto, fotógrafo e escritor, que submeteu, analisou e registrou moléculas de água a diferentes pensamentos, sentimentos e palavras, comprovando que a molécula reage diferentemente de acordo com o que é emanado.

Hoje meu ritual com a água envolve mantras, canções e palavras positivas. Toda jarra de água em minha casa recebe energia positiva, palavras de amor, prosperidade e principalmente de gratidão.

É a mais sublime forma de ter água sempre benta. Nesse momento, quero convidar você: vamos benzer sua água? Corre lá na cozinha e pegue um copo de água, ampare esse copo com as duas mãos, feche os olhos e respire profundamente, mentalize ou verbalize uma oração que você goste ou até mesmo decretos positivos (por exemplo: "Eu sou a saúde, eu sou o amor, eu sou a prosperidade, eu agradeço pela vida, eu estou em paz com minha família"), agradeça pela oportunidade de hidratar seu corpo e beba.

Cuidado com o corpo físico

Se esta etapa ainda é um desafio para você, se você ainda vibra na energia da preguiça e da procrastinação, podemos selar um trato agora: vamos começar por algo bem simples?

Uma caminhada de 15 minutos por dia, pode ser? Tenho certeza de que aos poucos você sentirá vontade de caminhar mais, mais e mais. E para quem não consegue realizar essa atividade, é claro que também pensei em outra possibilidade: colocar uma música bem alto astral e movimentar o corpo de alguma forma: mova seus braços, pernas, ombros, joelhos, pescoço... sinta a energia desse movimento tomar conta de você e dessa forma tudo flui!

Ficar parado não deve estar lhe fazendo bem. E com toda certeza se jogar no sofá com preguiça também enche a mente de

Sinta a energia do movimento!

problemas e desculpas de que a vida não está como você gostaria que estivesse.

Somos seres dotados de quatro principais corpos: físico (nossa "carcaça", matéria), etérico (nossa energia), anímico (nossa alma, sentimentos, emoções) e nosso espírito (presente no cosmo desde o princípio da humanidade). O autocuidado envolve compreendermos que precisamos estar alinhados com nossos quatro corpos e de forma alguma negligenciar qualquer um deles – manter o corpo são, a mente sã, a energia em alinhamento e o espírito em constante vigília, expansão e evolução. Como diria minha vó: "não adianta ir na missa e falar mal do vizinho"... em outras palavras: cuide da sua espiritualidade, mas não esqueça da sua saúde emocional. Equilibre sua energia, mas não deixe de cuidar de sua carcaça.

E aqui fica um convite para sair do sofá de casa e criar o hábito de caminhar... pequenas caminhadas colocam seus quatro corpos em movimento.

A hora é AGORA! Eu acredito em você! Mova-se!

Autoestima

Blinde-se! A era da competição findou! O tempo de você acreditar que é menos do que alguém também findou! Se você não acredita que é alguém maravilhoso e especial volta lá para o meu primeiro livro *Eu Te Benzo: o legado de minhas ancestrais*, que você encontrará um recadinho especial para acreditar no poder de Deus que habita e pulsa aí dentro de você!

Autoestima não é ego, autoestima é valorizar o grandioso presente que Deus lhe deu: a vida. Você é um ser único e quando você acredita, confia e valoriza esse SER, fica envolvido em uma energia atraente... as

pessoas ao redor passam a conectar-se com você por meio dessa energia. Todos nós nos conectamos através de energias, antes mesmo de qualquer afeição física. Quando você se subestima, menospreza e ridiculariza, passa a não valorizar o Deus interno, fica envolto em uma energia densa, repelindo pessoas amorosas e agradáveis e atraindo pessoas com a mesma carga energética.

Talvez você nem acredite no que estou falando aqui... se estiver com uma baixa autoestima, tudo que está lendo não vai passar de papo furado. Então lhe peço para ao menos fazer um teste: durante 21 dias, olhe-se no espelho e repita para você mesmo "eu sou maravilhosa(o) e a vida é maravilhosa(o)". Diga com firmeza, convicção, alegria e tenho certeza absoluta de que algo em você e ao seu redor irá mudar!

Outra dica valiosa: espelho quebrado ou riscado em casa? JAMAIS! Vamos dar um jeitinho de colocar um novinho, mesmo que seja simples e pequeno... espelho quebrado ou riscado distorce a real beleza que existe em você!

VALORIZE SEU DEUS INTERNO.

Escalda-pés

Olhe para os seus pés agora! Confesse: como seus pés estão? Se você tem o hábito de cuidado com os pés... ótimo! Mas caso você não tenha... ai, ai, ai!

Nossos pés contêm uma grande quantidade de terminações nervosas, respondendo por diversos movimentos que estão acontecendo em outros órgãos e regiões do nosso corpo. Além disso, todas as tensões do nosso corrido dia-a-dia ficam retidas em nossos pés. A prática de escaldar é milenar, já era reproduzida como forma terapêutica desde a Grécia e Roma Antiga, onde lá também realizavam essa prática como meio de conexão do corpo e da alma.

Os benefícios são diversos e dentre alguns podemos citar o relaxamento instantâneo, prevenção do estresse e nervosismo,

Diário de uma Benzedeira

insônia, gripes e resfriados, problemas de circulação, calos, micoses, rachaduras, entre outros.

Além de algumas ervas ou óleos essenciais (lavanda, capim-limão, camomila que tem efeito relaxante, revigorante e calmante), também podemos utilizar pétalas de rosas e colocar na água elementos de fricção para promover uma massagem e esfoliação (bolas de gude ou cristais). Neste diário, você encontra as dicas de cristais com potenciais energéticos para você utilizar.

O escalda-pés pode ser feito em uma bacia simples (de plástico, alumínio ou porcelana), caso você não tenha bacia também pode optar por um balde. Utilize água em temperatura amena e o tempo do escalda-pés pode ser de aproximadamente 30 minutos. Enquanto os pés ficam bem relaxadinhos, recebendo esse cuidado e carinho, não esqueça de colocar uma música pertinho de você ou acender um incenso de sua preferência e, é claro, dar um sumiço dos problemas da sua mente... a hora agora é de descansar!

Permita-se relaxar. Descanse!

Jacqueline Naylah

Esparadrapo no umbigo

Nossa marca, nosso registro eterno, nossa ligação e dependência materna, o umbigo nos remete ao pensamento de que estamos (ou estivemos) ligados a alguém. O umbigo também é um ponto energético, um nó cármico explicado em diversas vertentes espiritualistas. Dentro da tradição chinesa, por exemplo, o umbigo é um ponto de vitalidade que diz respeito à nossa radiância no mundo, à nossa capacidade de nos projetarmos e realizarmos algo.

Além disso, ao abordarmos o chakra umbilical, ele está ligado ao intestino e todos os seus milhões de neurônios e neurotransmissores. Qualquer energia alheia a ele pode

zelar nosso ser espiritual e energético

desencadear fragilidade, desordem e desequilíbrio.

É de suma importância a proteção do umbigo para zelar nosso ser espiritual e energético e manter a vitalidade dessa face central tão importante.

Um pequeno esparadrapo tapando o umbigo é suficiente, fácil, econômico e eficaz. Ao sair de sua casa coloque e ao chegar em casa pode suspender o uso, pois sua casa é seu grande templo, onde você será acolhido e protegido.

Pote da Gratidão

Você deve ter em casa algum pote de vidro com tampa, papéis ou pedacinhos de papel e caneta. Então será super fácil fazer essa prática, você verá, inclusive, que ela é milagrosa, pois tudo que vem até nós passa antes pela prática de agradecermos... a gratidão move o fluxo da prosperidade e da abundância!

Deixe esse pote em local acessível, já com o bloquinho de papéis e a caneta... será como um ritual, se quiser pode realizar todos os dias, sempre em algum horário pré-definido.

A cada dia você vai escrever no papel um motivo para ser grato, dobre o papel e coloque-o dentro do pote.

Você vai se surpreender quando o ano findar e você então remover todos os papéis para começar mais um ciclo... irá perceber o quanto é afortunado e o quanto o Universo lhe trouxe de presentes ao longo de um ciclo inteiro!

Faça um pote para as crianças da casa também, ensine desde cedo a prática da gratidão, dessa forma, elas sempre entenderão que tudo na vida tem valor, merecimento e retorno. Quanta bênção!

Abençoando meu Lar

Na primeira parte abençoamos nosso ser, nosso corpo, pois acreditamos ser o templo ou a morada de Deus. Nosso lar abraça, acolhe e protege esse templo ou morada. Escolhemos nosso lar para abastecer nossos dias, para dar suporte, nutrição e energia para nossa rotina de viver.

O primeiro passo para bênção do lar é a gratidão. Eu sou imensamente grata por poder ter um lar, um lugar onde eu tenha para voltar, um teto em que eu possa me aconchegar. Mesmo quando você acreditar que não há motivos para agradecer, que você gostaria de habitar um lugar maior ou em outra região ou até mesmo convi-

53

ver com outras pessoas, lembre-se: perto de você existem pessoas que gostariam de ter um cantinho para dormir. Lembre-se também de que um dia você já rezou muito para chegar onde está agora. E isso é tudo. Isso já faz sermos gratos.

Vivemos esperando por novos ciclos, vivemos esperando e almejando por transformações, vivemos clamando por coisas novas em nossas vidas. É natural... precisamos ter sonhos para ter objetivos a cumprir, sonhos nos movem! E para que o novo tenha espaço para chegar, antes precisamos fazer espaço.

PRECISAMOS TER SONHOS PARA TER OBJETIVOS A CUMPRIR.

Defumação

A defumação pode ser feita com incensos naturais produzidos por você. Basta escolher alguns ramos de ervas (arruda, alecrim, alfazema, sálvia e manjericão são ótimas, pois são ervas com potenciais de limpeza e purificação, além de terem um aroma que traz paz e harmonia aos ambientes) e enrolar com barbante esses ramos juntinhos. Pendure em algum lugar seco e com ventilação até que as ervas fiquem totalmente secas – será seu bastão incensário natural. Ao queimar o bastão, as ervas se misturam e exalam um aroma único e

diferenciado, promovendo a limpeza e purificação dos ambientes da casa. Esse mesmo bastão também pode ser utilizado para uso pessoal, tal como uma limpeza daquelas que adoramos receber nas visitas em terreiros, casas ou ilês.

A defumação também pode ser feita com ervas secas utilizando um defumador ou turíbulo, alguns utilizam junto às ervas um pouco de carvão e até mesmo acendedores. As ervas secas escolhidas aqui podem ser as mesmas escolhidas para o incenso em bastão.

Dentro dos ambientes você pode começar a defumar sempre do último cômodo (mais distante da entrada) até a porta de entrada principal. Nesse momento, se você quiser pode entoar algum mantra, verbalizar uma oração ou mentalizar decretos positivos (exemplo: "Nesta casa somente a paz reina, nesta casa somente o amor permanece, nesta casa a saúde é plena"). Ao fim da defumação, as cinzas podem ser descartadas em lixo, enterradas ou colocadas sob uma árvore frondosa.

Não esqueça de deixar frestas das janelas e/ou portas abertas para que a fumaça tenha fuga, pois as cargas densas são carregadas e devem sair para o lado externo dos ambientes. Não esqueça também de observar se na casa não habitam pessoas com alergias à fumaça, e então, nesse caso, utilize outros meios e exclua a prática da defumação.

Líquido Anil

O anil é um corante na antiguidade extraído de plantas, mas hoje produzido em caráter artificial. Foi muito utilizado como tintura e há indícios de ter sido utilizado como medicina curativa entre os romanos. É facilmente encontrado em lojas e supermercados (eu sempre encontro no setor de sabão em barra e alvejantes).

O tom azul do anil emana energia de paz, tranquilidade e serenidade, envolve cada um de nós ao centramento, meditação e conexão espiritual. O poder do anil é de limpeza energética, remoção de cargas densas e negativas, proporcionando ao ambiente uma energia de acolhimento, leveza e bem-estar.

Para um balde cheio de água faça a medida de 1 sabão anil mais 2 colheres (sopa) de sal grosso, misture até ficar uma água azulzinha.

Esse líquido anil você poderá utilizar da seguinte forma:

- em frasco borrifador, borrifando pela casa e purificando os ambientes;

- despejando um pouco nas saídas de água, esgoto, vaso sanitário e ralos, limpando esses canais de energia muito densa;

- limpando batentes de janela e portas, criando um filtro de energia;

- limpando o chão de todos os ambientes, promovendo limpeza e purificação total.

MENOS CARGAS DENSAS E NEGATIVAS, MAIS LEVEZA E BEM-ESTAR

Filtro da porta

Depois que você limpa e abençoa o seu lar, o ideal é fazer práticas que mantenham esse lar purificado. Nada melhor do que fazer filtros que impeçam que energias densas entrem pela da porta principal.

Uma dica bem simples é fazer um filtro. Essa dica não poderá ser utilizada caso tenham crianças pequenas na casa ou animais que podem chegar até o filtro para bebericar da água.

Para esse filtro você vai precisar de um copo de vidro, água, sal grosso e carvão. Ao fundo do copo você coloca o sal (aproximadamente uma colher de sopa), repouse o carvão novo sob o sal e preencha o copo vagarosamente com a água. Enquanto o filtro absorve as cargas densas, a água fica turva e uma camada de cor escura começa a surgir... sinal de que o filtro fez seu papel e é necessário trocar. Descarte água, sal e carvão. Lave o copo e refaça o filtro.

Esse filtro é colocado no chão, atrás da porta de entrada.

Vassourinha

Você enxerga uma vassoura e de pronto já pensa: "algo está sendo varrido, uma sujeira está indo embora". Estou certa?

Essa é a função da vassoura... desde sempre é uma das ferramentas mais utilizadas para remover a sujeira física e também a sujeira energética.

Como fazer?

Quando estiver caminhando na rua, junte galhos secos, não precisam ser grandes. Ao chegar em casa amarre os galhos em um cabo de vassoura e varra a casa (energeticamente) uma vez a cada dois dias.

Também é possível fazer com ramos de ervas secas, da mesma forma, amarrando os ramos em um cabo de vassoura. Após a "vassourada" você pode, inclusive, quebrar as ervas secas em um defumador e defumar sua casa. Se a vassoura for feita com galhos secos você poderá utilizá-la por muitas vezes, irá notar que chegará um momento em que os galhos vão se quebrando, então é hora de desapegar dessa vassoura e confeccionar uma novinha. Caso você queira fazer com ramo de ervas secas, essa então irá durar menos... as folhas se desprendem dos galhos com facilidade, para esse caso, utilize um raminho por semana.

Outra possibilidade é fazer uma vassoura de retalhos, amarrando na ponta do cabo retalhos de tecidos diversos e vassourar a casa com essa vassoura. Para essa vassoura (que além de poderosa, também é estilosa) você poderá utilizar inúmeras vezes, basta lavar e secar os retalhos.

Limpar a sujeira física e energética.

Esvaziar gavetas

Deixa eu tentar adivinhar: você tem alguma gaveta em casa lotada de coisas que não usa, nem vai usar! Acertei?

Com toda essa "tralha" você vai criando estagnações, impedindo a circulação e fluidez energética. Além de tirar seu foco para o que de fato é importante: seus planos, metas e sonhos. Ah, e claro, uma verdadeira perda de tempo, pois sempre que você tenta encontrar algo no meio de tanta bagunça acaba desperdiçando minutos, horas e até mesmo dias.

Hora de limpar tudo: caixas organizadoras são fáceis de fazer e organizar. Papeizinhos de recados podem dar lugar a caderno de anotações. Canetas que não riscam mais? Lixo! Panfletos de propagandas? Doe para cooperativas de reciclagem! Tesouras sem fio? Afie e dê vida útil a elas!

Tudo limpo e organizado? Confessa aqui pra mim: não ficou muito melhor?

Logo a energia volta a fluir por todos os espaços e uma onda de coisas novas começam a aparecer em sua vida.

Lembrando que essa dica também é válida para armários, escrivaninhas, prateleiras.

quando a energia flui, uma onda de coisas novas acontecem

Doação/desapego

Ao abrir seus armários, existem roupas, louças e objetos que você não utiliza por um bom tempo? E você ainda cultiva a esperança de usar? Talvez eles estejam fazendo apenas volume e com toda certeza eles fariam muita diferença na vida de outra pessoa. Nossa missão aqui é de ajudarmos uns aos outros. Se está sobrando para você, porque não doar?

Vamos começar a criar o hábito de "sempre ter espaço", pois quando você projeta ou almeja algo novo, o novo só chega em sua vida quando você deixa um espaço. Como uma gaveta lotada, se você tentar colocar uma caneta lá, é bem capaz de cair a caneta para fora, não é mesmo? Criando o hábito de "sempre ter espaço" você poderá combinar para si mesmo e também para as crianças (olha que legal): a cada roupa que eu comprar, uma roupa eu vou doar. A cada brinquedo que eu ganhar, um brinquedo eu vou doar. Que lindo, virou um mantra!

Quadros tristes e obscuros

Já visitou algum lugar com imagens tristes e cores sombrias que lhe deram uma sensação de angústia, solidão e sofrimento? É exatamente essa energia que esses quadros e imagens podem emanar nos ambientes.

Se você tem quadros assim na sua casa ou trabalho e tem notado que o ambiente não está promovendo sossego, paz e tranquilidade, fica o alerta: substitua essas imagens por quadros com paisagens, rostos felizes, crianças brincando, natureza e muitas cores.

Vale também para quadros com fotografias de pessoas que já desencarnaram, pois sempre que você olhar para a imagem será remetido à lembrança de alguém que não está mais presente fisicamente, trazendo muitas vezes uma sensação de falta, angústia e solidão.

Imagens ou vidros quebrados/trincados

Quebrou alguma taça? Trincou alguma imagem? Ficou com pena de se desfazer? Lembro da minha mãe e da minha avó levando imagens quebradas em uma salinha nas igrejas e paróquias. Elas diziam que imagem quebrada dentro de casa trazia muito azar e quando deixam nas igrejas ou paróquias os anjos e santos recebiam as energias da imagem e amparavam de forma carinhosa, pois elas não tinham o poder para fazer isso em suas casas.

Não creio que imagens quebradas podem trazer azar, nem mesmo gosto de pensar na ideia de azar, pois isso nos limita demais. Mas acredito, sim, que onde uma imagem é trincada ou quebrada, ela perde o poder energético que antes estava ali, também remete a intenção de "para mim tudo de bom, mas para a divindade o que sobra".

Ah, vai lá... compra outra, agradeça, consagre e mantenha seu recanto de orações lindo e com muito carinho.

Agradeça, consagre.

Contas pagas/contas a pagar

A nossa mente foca no que está ao alcance e frequente em nosso campo de visão. O Universo em nossa volta passa a reproduzir o que está em nossa mente.

Você consegue perceber quando compra uma roupa e ao sair na rua parece que todos tiveram a mesma ideia. Quem já foi gestante, também irá concordar que no período gestacional só enxergamos grávidas por todos os lados, não é verdade?

Deixar contas a pagar por todo os cantos da casa faz com a nossa mente se identifique com essa percepção e então entramos em um furacão onde contas, contas e mais contas não param de surgir! Quando você acha que todas as dívidas estão quitadas (ufa), logo surge um eletrodoméstico queimado!

O UNIVERSO REPRODUZ O que está em NOSSA MENTE. NOSSA MENTE FOCA NO que está ao alcance.

Vamos mudar o foco e concentrar a energia em outros lugares! A dica aqui é que você separe as contas pagas de contas a pagar em pastas ou envelopes diferentes. Sempre quando for guardar qualquer uma delas em suas devidas pastas, lembre-se de agradecer.

Nas contas pagas agradeça por ter quitado a dívida e nas contas a pagar vibre e agradeça como se já tivesse sido quitada e logo o valor aparecerá!

Eletros queimados

Você tem equipamentos elétricos ou eletrônicos estragados em sua casa? Saiba que são engrenagens estagnadas e onde há engrenagens estagnadas, estão de certa forma impedindo o fluxo de energia no ambiente. Se além de estragados estão acumulando poeira, insetos e pontos de ferrugem...

vishhh, piorou! É você decretando que não valoriza o que é seu!

É claro que eu imagino que nesse momento você talvez não tenha um valor suficiente para custear a manutenção do equipamento, certo? E é por isso que as dicas aqui podem lhe ajudar:

- deixe o equipamento limpo;
- cole um adesivo escrito "gratidão".

Eu tenho certeza de que logo você terá a oportunidade de enviá-lo ao conserto ou quem sabe doar para quem precise e ainda promover um cantinho extra para algo novo chegar até a você!

Flores na casa

Quando você entra em um ambiente com flores, você não sente uma alegria imediata? Qualquer arranjo de flores deixa o ambiente belo, feliz. Além, é claro, do aroma dessas flores pelo ar. E você já pensou em decorar sua casa com flores? Não é necessário arrancar flores por aí e nem mesmo gastar com buquês grandiosos e luxuosos. Para quem reside em apartamentos e em áreas urbanas, grandes cidades e até mesmo para quem passa muito tempo longe de casa, por vezes não terá espaço e tempo para o cuidado com as plantas.

Uma dica: cultive pequenos vasos com suculentas (são ótimas para sugar energias densas e transmutar), hortinhas caseiras (inclusive as crianças podem ajudar no cuidado e manutenção) e caso você tenha espaço e tempo para cuidar também pode ter plantas em casa (cuidado com a escolha de plantas para ambientes de convívio com crianças e animais).

Colchão e travesseiros ao sol

Minha mãe tem o hábito de levantar os colchões e colocar ao sol, também faz o mesmo com os travesseiros. Quando bem pequena, eu achava que era pra secar o xixi, hoje eu entendo que a rotina de limpeza e cuidado com colchões e travesseiros estão relacionados à nossa saúde, bem-estar e qualidade do nosso sono. Minha mãe também diz que o sol traz calor à alma, ilumina, promovendo uma energia acolhedora e positiva no resguardo de nossos sonhos.

Hoje também uso e indico ter um frasco borrifador com algum aroma leve e refrescante ao lado da cama – ao arrumá-la, aproveito para borrifar um pouquinho nos lençóis.

Caso você resida em casa, chácara, sítio, fazenda... primeiro: me convide para um final de semana (risos); conecte-se com essa preciosa fonte da criação Divina, sinta a energia das plantas em seus pés, mantenha o hábito de pegar alguns galhos, folhas e flores e decore os ambientes da casa, fazendo dela uma extensão do seu recanto sagrado.

Espada de São Jorge debaixo da cama

Nem preciso falar o que à sua mente quando lembra da espada de São Jorge: PROTEÇÃO! Isso mesmo!

A nossa *Sansevieria trifasciata*, tão conhecida plantinha ajuda a afastar más energias, pois absorve elementos tóxicos do ambiente, purificando o ar.

Você pode escolher plantar em um vaso e deixar do lado de fora da casa. Também pode deixar do lado de dentro (esqueça a crença de que plantas com pontas causam pesadelos).

A dica que vou deixar aqui é ter uma espada debaixo da cama, com a ponta voltada à cabeça. Ela irá secar com o tempo e então você pode trocar. É proteção na certa!

Vamos montar uma árvore da vida?

Lembram desse exercício que fazíamos na escola ou até mesmo em casa, com nossos pais? Montávamos a árvore dos nossos sonhos, algumas até com recortes e colagens de jornais e revistas.

Aqui você pode fazer com lápis ou caneta. Se quiser também pode pintar sua árvore... é um ótimo exercício de reflexão e projeção das metas.

Nessa árvore as raízes representam seus valores e lembranças do tempo passado. O tronco são as descobertas e aventuras da adolescência e juventude. Os galhos estão relacionados aos desafios e aprendizados da fase adulta e a copa o seu futuro, repleto de sonhos que você irá colher.

Bom exercício de expansão!

Abençoando meu Servir

Você sabe qual é a chave da prosperidade? E aqui não associamos a prosperidade exclusivamente à riqueza. Ser próspero é também ser ditoso, feliz, abundante em saúde e em total harmonia com tudo e todos. Pois bem, a chave é a compreensão do seu servir. Quando você assimila que tem um caminho a seguir e por essa caminhada você se nutre e nutre outras pessoas, formamos todos uma grande mandala, uma teia, uma rede e tudo no Universo passa a fluir.

Maior parte de nossas vidas são de horas dedicadas ao servir e quando definimos o servir como um "árduo trabalho" iremos passar boa parte da vida acreditando que estamos carregando um fardo muito pesado e difícil. O melhor entendimento é quando despertamos nossos dons, capacidades e talentos e passamos a aceitar com amor que cada um de nós é apto para uma determinada função e desempenhamos essa função ao longo da vida para servir aos outros, mas primeiramente honrar nosso cajado (nosso propósito de estar aqui).

Vou dividir com vocês algumas dicas para abençoar o servir, pode ser uma pequena ou grande empresa, pode ser seu trabalho de forma autônoma e também o seu servir em sua casa.

ACEITAR COM AMOR.

Elogiar alguém

Com toda certeza você já foi elogiado, não é mesmo? Não é maravilhoso? A sensação é prazerosa, inigualável. Quando nosso trabalho é valorizado, reconhecido e elogiado também nos impulsiona a aprimorar e continuar. Contribuir com a divulgação de um profissional da mesma área que a sua não é concorrência, pois profissionais e clientes escolhem um ao outro pela afinidade e sintonia. Valorizar e prestigiar o servir do outro só nos torna maiores, atrai abundância, fartura, pela energia da empatia, generosidade, amor e desprendimento.

Em contrapartida, falar mal do servir de outro nos prende na energia da escassez e nos tira do foco, pois ao invés de cuidarmos

Jacqueline Naylah

daquilo que é nosso, estamos nos deixando levar pela mesquinhez, como se apenas nós fôssemos merecedores de prosperidade. Em um mundo de tantas desigualdades, quanto maior o número de pessoas prósperas e conscientes melhor, maior será o número de pessoas para amparar os que necessitam.

Elogie o trabalho de alguém hoje. Te desafio a fazer melhor: prestigie alguém que faça o trabalho da mesma área que você! Vai lá... feliz, sorrindo, com o coração tranquilo e confiante!

Vaso da fortuna

Minha vó e minha mãe sempre tiveram vários vasos como esse e tenho certeza de que você irá lembrar de tê-los visto na casa de sua família. Ahhhh, que saudade que dá, não é mesmo? Se apenas pelo nome você ainda não lembrou, vou explicar como podemos confeccionar o vaso da fortuna e "de cara" você vai viajar no túnel do tempo.

Para confeccionar o vaso da fortuna, você pode utilizar garrafas de vidro, potes de vidro (daqueles de conserva de alimentos) ou também pode comprar vasos em lojas de decoração. Caso seja um vaso de reuso, remova o rótulo, lave e deixe ele bem seco.

Separe punhados de grãos de arroz, lentilha, grão-de-bico e milho e coloque pouco a pouco no pote, fazendo camadas de grãos. Ao colocar as camadas, mentalize ou verbalize expressões e palavras de positividade, prosperidade e confiança. Exemplo: "nesse trabalho tem abundância, nesse trabalho tem fartura, nesse trabalho tem prosperidade". No topo do vaso você ainda pode colocar algumas moedas douradas ou folhas secas de louro. Fica lindo e você pode deixá-lo em uma mesa de recepção, no caixa de entrada da loja, no armário onde você guarda seu material de trabalho, enfim, no local onde você "sentir" que é o lugarzinho dele.

Por que o uso desses grãos? O arroz atrai fortuna e muita saúde, por isso a tradição de jogar arroz nos noivos em casamentos. A lentilha também é atrativa de dinheiro, por isso ao cozinhar lentilha podemos mexer na panela em movimentos no sentido horário entoando palavras positivas (cultura cigana). O grão-de-bico vai garantir sustento de toda a família. E a cor dourada do milho vibra na energia da abundância financeira.

Soprar canela

Você já deve ter ouvido falar sobre o ritual do sopro de canela no primeiro dia de cada mês, não é mesmo? E será que você faz? Ai ai ai... vamos fazer!

A canela tem um forte poder de atração de prosperidade e seu aroma também proporciona foco e determinação nos negócios.

O ritual é super simples: no primeiro dia de cada mês polvilhe em sua mão um punhado de canela em pó e posicione-se na porta de entrada do seu local de trabalho. Mentalize ou verbalize expressões ou palavras positivas. Eu, por exemplo, gosto muito de falar: "Quando essa canela eu soprar, a prosperidade aqui entrará. Quando essa canela eu soprar, a fartura virá para ficar. Quando essa canela eu soprar, a abundância aqui vai morar".

Se quiser pode falar repetidamente, em algum número que você tenha afinidade. Logo que falar ou mentalizar sopre o punhado de canela para dentro do ambiente. Prontinho, olha a prosperidade batendo à sua porta! Obaaaa!

Multiplicador de dinheiro

Opa, que invenção é essa?!

Minha mãe adorava fazer esse ritual na mesa de trabalho do meu pai, eu achava uma loucura... e não é que dava certo?! Bastava ela fazer e logo vinha uma enxurrada de clientes e acordos, contratos, vendas, telefonemas. Eu pensava: que magia é essa?

É muito simples de fazer o multiplicador de dinheiro, e aqui também vamos contar com todo o poder atrativo da canela. Basta separar uma nota de dinheiro (nota verdadeira, não pode ser nota de brinquedo). Aí você vai me perguntar: "qual valor?". E eu vou lhe perguntar: "qual você deseja multiplicar?". Polvilhe na nota bastante canela dos dois lados do papel, separe dois pedacinhos pequenos de fita adesiva e prenda a nota polvilhada debaixo da sua mesa de trabalho. Caso você não use mesa de trabalho, também pode ser no caixa, na última página da sua agenda profissional, na porta de algum armário onde você guarda documentos ou em algum baú com seus pertences. Prontinho!

Aos poucos você irá perceber que o movimento cessa e então é necessário realizar novamente o ritual, mas não com a mesma nota. A nota utilizada você usa com muita gratidão. Compre algo que esteja precisando ou pague alguma conta. Separe outra nota e refaça todo o processo.

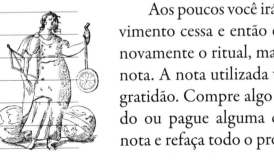

Jacqueline Naylah

Decoração com folhas de louro

Dos mitos greco-romanos, podemos lembrar da coroa de louros atribuída como símbolo de vitória e triunfo. E esse é o poder da folha de louro: atrair fortuna e vitória na sua jornada de servir. Um dos principais e mais antigos rituais utilizados com a folha de louro é o uso de uma folha seca na carteira para que nunca falte o dinheiro. Estão lembrados?

Além da prática da folha de louro na carteira, também podemos confeccionar um vaso com diversas folhas de louro secas. Da mesma forma como o vaso da fortuna

ACREDITE.
O TRIUNFO
é SEU!

(aquele feito com grãos), aqui você também pode utilizar garrafas ou potes de vidro e até mesmo comprar um vaso bonito e ainda decorar com velas. Use da criatividade e imaginação!

Como vimos, o louro também simboliza triunfo, confiança e segurança em manifestar o que se é. Tenho certeza de que em muitos momentos de sua vida você sente medo de revelar seu potencial, medo por "achar" que sabe pouco ou que é incapaz de exercer o que sabe. Posso te afirmar uma coisinha? Você está com medo enquanto todos estão perplexos com todo seu potencial. Acredite, o triunfo é seu! Nossa, cheguei a ouvir a música das Olímpiadas de fundo: "If I could reach, higher....". Pare de ler este livro AGORA, corre lá no Youtube e busque a música Reach, da cantora Gloria Estefan. Respire fundo, coloque suas mãos no coração e acredite: VOCÊ PODE!

Patuá das chaves
Igreja de São Pedro

"Glorioso apóstolo São Pedro, com suas 7 chaves de ferro, eu te peço, eu te rogo, eu te imploro, abra as portas dos meus caminhos, que se fecharam diante de mim, atrás de mim, à minha direita e à minha esquerda."

Já falamos anteriormente sobre patuás, mas deixei esse aqui em específico para trabalharmos na energia da abertura de caminhos (confesso que é um dos meus patuás preferidos e pra ele dediquei um textinho extra).

São Pedro é o dono das chaves. Para ele, são realizados pedidos para negócios, chegada de muitos clientes, acordos, contratos e abertura de caminhos. Com a energia dele podemos elaborar uma simpatia conhecida como patuá das chaves:

Faça um elo com 7 chaves, amarre uma fita de cetim amarela, determine que cada uma delas é responsável por abrir um caminho: amor, saúde, paz, sucesso, equilíbrio, prosperidade e consciência. Vá até uma igreja de São Pedro e entregue esse patuá na sala de velas. Agradeça e entoe a oração ao Santo. Refaça a simpatia anualmente, preferencialmente no dia dedicado a São Pedro, 29 de junho.

Agenda milagrosa

Agenda de papel ou agenda digital... não importa, podemos utilizar as duas! Não sei em que momento do ano você está lendo este diário, mas essa prática você pode começar AGORA MESMO, não espere até virar o ano e começar uma nova agenda, um novo ciclo a gente faz JÁ!

Do dia de hoje da sua agenda até o final do ano você vai escolher páginas/datas aleatórias e vai escrever decretos. Exemplo: "hoje o dia está maravilhoso. A vida é incrível. Hoje sou um sucesso. Eu acredito no meu potencial. Eu sou puro talento."

A agenda milagrosa projeta a energia e o poder dos decretos para o futuro. Ao abrir nesses dias, você revela o momento em que está vivendo e agradece. Claro, podem ter dias que você não está bem, está desanimado ou passando por algum momento desafiador... então esses decretos servirão como suporte para lhe encorajar e lhe trazer confiança e força! Tudo passa!

EU ACREDITO NO MEU POTENCIAL

Flores amarelas

A cor amarela irradia a energia da fartura, prosperidade e abundância. Arranjos com flores trazem alegria e vitalidade para os ambientes, ganhar arranjos e presentear com arranjos movem o fluxo de caixa: crescimento para você e o desejo de crescimento para todos!

Decore seu ambiente de trabalho com flores amarelas ou quadros que tenham imagens de flores amarelas. Está abrindo um negócio agora? Decore a mesa principal/recepção com um vaso de girassol. Ficou sabendo que algum familiar ou amigo está abrindo uma empresa? Presenteie com um vaso de girassol, garantindo sucesso e vida longa ao empreendimento.

Bênçãos no caminho

Sabe quando o Universo deixa recadinhos por onde a gente passa? Você está caminhando pela rua e encontra uma borboleta... está triste e alguém que você adora lhe telefona... abre o celular e visualiza horas iguais como um sinal de conexão com Deus. Sincronicidades!

São as sincronicidades que nos dão a certeza de que tudo está em seu devido lugar, no seu devido tempo e que estamos conectados com a Matriz Divina.

Aqui eu te convido a fazer uma trilha de coragem, amor, força e determinação. Faça plaquinhas com recadinhos positivos e espalhe pela casa... bem simples, pode ser até um papelzinho colado em um palitinho. Coloque no vaso de planta, no refrigerador, dentro da porta de algum armário, no espelho do banheiro.

Esses recadinhos formam âncoras e com toda certeza irão lhe impulsionar em muitos momentos em seu dia-a-dia. Nunca esquecendo de agradecer, a gratidão move o fluxo da realização de nossos sonhos!

Abençoando Crianças e Animais

Recebo quase que diariamente pedidos de orações ou dicas para benzimentos em crianças. Os relatos mais comuns são de crianças com "quebranto", crianças que dormem agitadas ou não conseguem dormir, falta de apetite, cólicas, irritabilidade pelo nascimento dos dentinhos, entre outros.

Procuro sempre orientar que toda e qualquer dor nas crianças deve ser investigada, que hoje podemos contar com inúmeros profissionais de diferentes áreas que cuidam da saúde e bem-estar físico e emocional das crianças, bem como orientam os pais e cuidadores.

Quando falamos do universo infanto-juvenil não devemos fechar nossos olhos diante do que é incômodo a eles, ao contrário, devemos manter nossos olhos atentos, pois cabe aos adultos a percepção sem julgar seus lamentos como "crises, birras ou manhas".

Aqui vou dividir com vocês dicas de simpatias, daquelas do tempo das vovós. Se funciona? Opa, algumas juravam de pé junto, juntinho, jurado, juradinho que funciona.

Água de tagarela

Seu pequeno está demorando a falar? Cada um deles tem um tempo, mas entendo que às vezes coração de mãe aperta, não é mesmo? Minha mãe já saía correndo num aviário e catava um pintinho para colocar a piar na boca dos pequenos.

Outro ritual mais simples é o da água de tagarela. Diziam os mais antigos que a primeira água (chuva) do mês de janeiro deve ser coletada, em pequena quantidade, até mesmo em uma colher e servida para a criança beber dessa água. Logo a criança desandava a falar e virava uma tagarela. Experimentem (e preparem-se)!

Aqui também deixo outra bênção para destravar a fala: em algum líquido que a criança beber (mamadeira, suco em copinho) você irá colar um pequeno adesivo externamente com o decreto: "eu sou um bebê saudável e falante", também pode pegar uma chave fazer o gesto de "abrir" no lado externo da mamadeira ou copo. Ele vai beber o leitinho ou suquinho e vai virar um tagarela!

Tchauzinho, fralda!

A gente conversa, tenta, tenta e nada de largar a tal da fralda (eu sei, passei por isso e tenho inúmeras clientes que me pedem dicas também). Cada pequenino tem seu tempo de desfralde, mas nossas mãos mágicas também podem dar uma força, não é mesmo?

Se você utiliza fralda descartável: pegue a última fralda, da última troca do dia, coloque um punhado de sal grosso e descarte. Se você utiliza fralda ecológica ou fralda de pano: pegue a última do dia e lave com sal grosso. Tchau, fralda!

Vamos acabar com o medo

Para qualquer medo que a criança tenha, vamos trabalhar esses medos enquanto ela dorme, para que os sonhos sejam purificados e ela tenha em mente somente imagens lindas e boas do mundo.

Prepare um saquinho com um punhado de sal groso e coloque embaixo do colchão, na altura da cabeça da criança. Certifique-se que ela não conseguirá pegar esse saquinho durante a madrugada, melhor fazer enquanto ela não estiver observando.

Outra dica é repousar um copo de vidro com água e uma tesoura aberta (acima do copo) debaixo da cama onde a criança dorme. Caso a cama seja direta no solo, que não tenha abertura para colocar o copo, você pode repousá-lo aos pés da cama. Lembre-se de trocar a água diariamente e repetir a técnica até que o medo seja aniquilado e a criança sinta-se confiante e segura.

Quebranto e a oração de mãe

Já ouviu falar em criança com quebranto? Com certeza, sim! E o que é quebranto? Nossas ancestrais diziam que toda e qualquer energia (negativa ou positiva) sob uma criança torna-se extremamente densa por sua fragilidade, pureza e inocência. Elas diziam que "até a mamãe e o papai colocam quebranto", pois passam o tempo todo admirando o bebê.

A criança sob efeito de um quebranto passa a ter noites mal dormidas, comportamentos inquietos, alimenta-se mal, podem ter cólicas, enjoos e choramingar sem motivo aparente. Algumas ainda passam a bocejar com muita frequência, a dormir rangendo os dentinhos, revirando-se na cama ou dormir de olhinhos abertos.

Não há nada mais poderoso do que o pedido de mãe.

Em meu livro *Eu Te Benzo: o legado de minhas ancestrais* você aprendeu uma oração poderosa para quebranto, lá nas primeiras páginas, quando falo sobre meus filhos. Você ainda não leu esse livro? NÃO ACREDITO!

Corre já na livraria ou no site da editora: www.besourolux.com.br

Calma, vou repetir aqui... não há nada mais poderoso do que o pedido de mãe. A oração da mãe rompe as portas do céu! A mãe quando clama abençoa todos os seres na Terra! Passe sua saliva no seu polegar, faça um sinal da cruz na testa de seu filho, acolha e olhe profundamente em seus olhinhos, entoando:

"Eu te pari
Eu te criarei
Esse mal olhado eu tirarei
Em nome do Pai, do Filho
E do Espírito Santo
Amém."

Jacqueline Naylah

Costure suas dores

Nos momentos de dores, tristezas, angústias, mágoas ou desafios não deixe que esses momentos tomem conta de boa parte dos seus dias. Não existe vida desafiadora... existem momentos desafiadores e nós criamos uma tendência de pensar neles o tempo todo. Se você pensa no desafio, você vive ele de forma profunda. Vamos costurar para esquecer!

Pegue um pedaço de tecido, agulha e linha, faça um alinhavo e a cada ponto verbalize o que estás sentindo. Não envolva o nome de outras pessoas... o desafio é seu, quem está sentindo é você. Faça um círculo de alinhavo, ao final dê um nó e faça um decreto: "aqui eu decreto a limpeza das minhas dores, angústias, mágoas e desafios."

Queime o pedaço de tecido ou jogue-o no lixo. Confie! Lembrando que você pode fazer em um pedaço pequeno e sempre que precisar recorra a este ritual, antigo e milagroso!

Abençoando os animais

Muitas pessoas me perguntam se em meus cursos e palestras sobre benzimento eu aceito a presença de homens, pois existe um mito de que apenas mulheres poderiam benzer. Eu digo que não só aceito como também honro muito a presença dos homens nos cursos, reforçando o sagrado masculino e contemplando meus ancestrais benzedeiros. Aproveito para relembrar que os homens têm um importante papel na cultura do benzer e muitos eram conhecidos como curandeiros de animais.

Aqui vou dividir com vocês práticas singelas que esses homens faziam, trazendo bênçãos para os animais, sendo eles de grande ou pequeno porte, sendo eles cuidadores de vossos terrenos e lares, guias de pessoas com necessidade especial, companheiros fiéis dos andarilhos e peregrinos, membros das famílias, filhos desse mundo, amparados por São Francisco de Assis.

levar bênção também para os animais.

Jacqueline Naylah

Purificando a água e os alimentos

Mesmo que o animal não esteja apresentando nenhuma doença, oferecer a água e o alimento purificado e abençoado é uma forma de manter a energia do animal em harmonia e também uma forma carinhosa que demonstra muito carinho e amparo.

Antes de servir água e alimento certifique-se de que o local em que o animal se alimenta esteja limpo e adequado para sua alimentação, que esteja livre de pestes e microrganismos. Da mesma forma como vimos essa técnica no início deste diário, aqui também podemos entoar ou mentalizar expressões e palavras positivas para a água e para o alimento, expressões de saúde, fortalecimento, tranquilidade e amparo. Seu bichano vai gostar!

Guia da proteção

Seu animalzinho usa guia ou coleira? Vamos abençoar com energia de proteção?

Antes de colocar a guia ou coleira no animal faça um rezo à São Francisco de Assis e "varra" com um raminho verde – pode ser arruda, guiné ou alecrim. Repita esse ritual mensalmente.

Aqui fica uma oração para vocês entoarem:

"Senhor, que neste momento tua bênção chegue até (nome do animal)
E como um milagre ajude-o a curá-lo.
Porque, Senhor, tua sabedoria é divina
E teu poder de cura é grandioso.
Senhor, em ti eu confio e entrego (nome do animal)
Nas tuas mãos curadoras e divinas"

Palavras Finais

Quem conhece um pouquinho da minha história vai lembrar que sou casada com um babalorixá – Gilberto. Já contei por aqui que um tantinho da minha história está lá no livro *Eu Te Benzo*.

Pois bem... Gilberto, assim como eu, tem inúmeros clientes e é de uma fé e força sem igual. Há alguns meses foi diagnosticado com uma doença crônica e eu me peguei amparando ele e todos os clientes. Chorei muito, pela dor e angústia que toda doença traz, respirei fundo e em uma madrugada,

em busca de alguma coisa que eu parecia não saber o que era, abri a caixa de papelão com todas essas lembranças que contei aqui para vocês. As lembranças me trouxeram mais lágrimas, recordações e saudades, mas principalmente me encheram de esperança e confiança – esperança que tudo estava como deveria estar e confiança na benzedeira que sou.

Se eu guardei uma caixa com todos esses símbolos que afirmavam minha conexão com a espiritualidade e todas as ferramentas para auxiliar no processo de transformação, cura e bem-estar, ali havia um significado e uma mensagem muito importante: tudo isso é meu e eu preciso confiar para poder utilizar. E foi então que iniciei não somente este livro, mas o poder de cada ação aqui escrita. Costumo dizer em meus cursos e palestras que "ninguém consegue ensinar o outro a fazer um feijão sem nunca ter provado". Eu não conseguiria dar todas essas dicas preciosas a vocês sem antes ter utilizado cada uma delas para minha vida. Foi assim no processo com Gilberto, foi assim com meu processo de manutenção da minha confiança nesses dias ao lado dele, foi assim no atendimento de cada cliente que passou por mim. Se deu certo? Opa, nesse momento estamos tomando um chimarrão juntos e dando risada de tudo que já passou!

Escrevam diários, coloquem a intuição em prática. Visitem suas mães, pais, avós e perguntem sobre o que eles ainda têm guardado nas gavetas de mistérios. Conversem com todos os Deuses, Deusas, Arcanjos, Anjos, Mestres, Caboclos e Orixás de forma amiga, singela e amorosa... sem cobranças, apenas com a mais profunda gratidão. Chamem seus filhos para confeccionar amuletos, expliquem para os pequenos como é grandioso e importante cuidarmos de nossa energia. Convidem seus amigos para uma xícara curativa de chá. Deixem seus lares sempre com cheirinho de incenso, com a luz de algum cristal, com vela acesa pro Santo e com o coração na certeza de que todos somos um e que cada uma dessas ferramentas e símbolos nos conecta à Fonte da Criação, como uma forma carinhosa do Universo nos dizer que não estamos sós.

Agora eu ouvi Maria Bethânia ao fundo, enquanto o vento balança as cortinas da minha sala, a vela trêmula e não apaga. Corre lá no YouTube pra sentir comigo:

Não mexe comigo
"Sou como a haste fina
Qualquer brisa verga
Nenhuma espada corta
Não mexe comigo
Eu não ando só
Eu não ando, eu não ando só
Não mexe não."

Amém, Shalom, Namastê, Salve, Aleluia, Saravá, Aho, Axé!

LEIA TAMBÉM

Jacqueline Naylah
Eu te Benzo
O legado de minhas ancestrais
• 136 págs. • 14cm x 21cm • 978-85-5527-099-4

Este livro é um convite para adentrar em uma casa de benzedeira, relembrar dos tempos em que tudo era mais simples, singelo e amoroso. Se o leitor fechar os olhos talvez ainda sinta um cheirinho de arruda, ainda ouça o arrastar de chinelos da vovó pelo chão de madeira, o badalar da paróquia vizinha que anuncia o horário final dos benzimentos do dia.
Pode, ainda, avistar um pequeno altar com velas acesas, um aroma de brasa, um cochichar de rezos nos ouvidos.
Nossas saudosas lembranças ainda curam nossos dias, nos acolhem e enchem nossos corações de esperança, tal como um afago de mãe. É o pulsar de nossos ancestrais em nós, um convite para que cada um de nós perpetue um legado de força e esperança deixado por eles.

www.besourolux.com.br